POUR ÊTRE SOCIALISTE

Léon Blum

– 1944 –

POUR ÊTRE SOCIALISTE

Voilà longtemps que les hommes travaillent, souffrent et pensent sur cette terre. Leurs efforts accumulés par les siècles ont créé peu à peu une moralité universelle, ont constitué comme un patrimoine commun de sentiments que chacun de nous porte en soi dès sa naissance, que chacun de vous peut retrouver en lui-même. Nous naissons avec le sentiment de l'égalité, avec le sentiment de la justice, avec le sentiment de la solidarité humaine. Nous savons, avant d'avoir rien appris, et par un instinct qui est l'héritage de nos ancêtres, que nous apparaissons tous en ce monde égaux, avec le même droit à la vie, avec le même droit au bonheur, avec le même droit de jouir des richesses indivises de la nature et de la société. Nous savons qu'il doit exister un rapport permanent, équitable entre nos droits et nos devoirs, entre notre travail et notre bien-être. Nous sentons que notre bonheur n'est pas indépendant de celui des autres hommes, de même que notre travail demeurerait vain sans le leur, mais que leurs souffrances et leurs misères sont les nôtres, que toute injustice qui les atteint doit nous blesser. Nous sentons que la vertu véritable, celle qui procure la pleine satisfaction du cœur, c'est de savoir sacrifier, fût-ce notre intérêt présent et notre profit égoïste, au bonheur commun et à la justice future, et que là sont les formes authentiques de cette fraternité que nous enseignaient les religions, de l'immortalité qu'elles nous ont promise.

De quoi est né le socialisme ? De la révolte de tous ces sentiments blessés par la vie, méconnus par la société. Le socialisme est né de la conscience de l'égalité humaine, alors que la société où nous vivons est tout entière fondée sur le privilège. Il est né de la compassion et de la colère que suscitent en tout cœur honnête ces spectacles intolérables : la misère, le chômage, le froid, la faim, alors que la terre, comme l'a dit un poète, produit assez de pain pour nourrir tous les enfants des hommes, alors que la subsistance et le bien-être de chaque créature vivante devraient être assurés par son travail, alors que la vie de chaque homme devrait être garantie par tous les autres. Il est né du contraste, à la fois scandaleux et désolant, entre le faste des uns et le dénuement des autres, entre le labeur accablant et la paresse insolente. Il n'est pas, comme on l'a dit tant de fois, le produit de l'envie, qui est le plus bas des mobiles humains, mais de la justice et de la pitié, qui sont les plus nobles.

Je n'entends pas soutenir, vous le comprenez bien, que tous les sentiments généreux et désintéressés de l'âme humaine ne se sont manifestés dans le monde qu'avec les doctrines socialistes. Ils sont plus anciens, s'ils ne sont pas éternels. L'instinct de justice, de solidarité, de moralité humaine qui trouve aujourd'hui son expression dans le socialisme a, tout le long de l'histoire, revêtu d'autres formes et porté d'autres noms. C'est cet instinct qui a fait la force des religions modernes, puisque toutes, à leur naissance, dans leur première phase de prosélytisme populaire, se sont tour à tour adressées à lui. Un encyclopédiste du dix-huitième siècle, un jacobin de la Convention, un démocrate de 1830 étaient probablement mus par les mêmes sentiments qui font aujourd'hui le ressort et la force vive de notre action. Mais — là est le point essentiel — la foi socialiste est la seule forme de cet instinct universel qui réponde exactement aux conditions actuelles de la vie sociale, de la vie économique. Toutes les autres ont été dépassées par le cours du temps. Toutes les autres sont discordantes et retardataires. Que ceux qui s'y obstinaient de bonne foi le comprennent et viennent à nous.

Le socialisme est donc une morale et presque une religion, autant qu'une doctrine. Il est, je le répète, l'application exacte à l'état présent de la société de ces sentiments généraux et universels sur lesquels les morales et les religions se sont successivement fondées. Sa doctrine est économique plutôt que politique. Pourquoi ? Parce que l'analyse de l'histoire — analyse que chacun de nous peut vérifier et confirmer par son expérience quotidienne — établit précisément que les faits économiques, c'est-à-dire les formes de la propriété, les phénomènes de production, d'échange et de distribution des denrées, dominent de plus en plus l'évolution des sociétés modernes, gouvernent de plus en plus leurs institutions et leurs rapports politiques. Sa doctrine a pour principe initial ce qu'on appelle la lutte des classes. Pourquoi ? Parce qu'en effet le caractère essentiel des sociétés modernes, considérées du point de vue économique, est la division progressive en deux classes des individus qui les composent : d'une part, les possédants, ceux qui détiennent le capital et les moyens de production créés par la nature ou par le labeur accumulé des siècles ; d'autre part, les prolétaires, ceux dont la propriété consiste uniquement dans leur force personnelle de travail, dans leur vie et dans leur bras. Concentration progressive des capitaux et des instruments de travail, tel est le trait dominant de l'évolution économique depuis un siècle et demi, c'est-à-dire depuis que la science a multiplié l'emprise des hommes sur les richesses et les puissances naturelles. Obligation impérieuse pour le prolétaire de travailler au service et au profit du capital, de devenir le salarié d'un patron, telle est la conséquence inéluctable de cette évolution.

On est socialiste à partir du moment où l'on a considéré ce fait essentiel : le patronat et le salariat s'engendrant l'un l'autre et s'opposant l'un à l'autre, à partir du moment où l'on se refuse à accepter ce fait comme nécessaire et éternel, à partir du moment où l'on a cessé de dire : « Bah ! c'est l'ordre des choses ; il en a toujours été ainsi, et nous n'y changerons rien ! », à partir du moment où l'on a senti que ce soi-disant ordre des choses était en contradiction flagrante avec la volonté de justice, d'égalité, de solidarité qui vit en nous.

Est-il vrai, d'ailleurs, qu'il en ait toujours été ainsi, toujours et partout ? Non, l'effort séculaire des hommes pour vivre en société, pour exploiter en commun le patrimoine des richesses naturelles a déjà connu d'autres formes dans l'histoire. Le salariat lui-même présentait des caractères moins définis aux temps de l'artisanat, du petit négoce et de la petite industrie. Sa généralité, comme ses conditions actuelles, datent des progrès du machinisme et du développement des sociétés anonymes de capitaux. Il est vrai qu'il est devenu aujourd'hui la loi commune. Mais c'est cette loi que ni notre raison ni notre cœur n'acceptent plus.

Vous êtes le fils d'un salarié, ouvrier, employé, journalier agricole. Sauf hasard providentiel, votre destinée est de demeurer toute votre vie un salarié. Voilà, tout à côté de vous, dans la rue voisine, le fils d'un possédant, d'un détenteur de capitaux. A moins de circonstances extraordinaires, il restera sa vie entière, directement ou indirectement, un patron. Vous travaillerez pour lui, pour l'entreprise qu'il dirige, ou bien pour l'entreprise où il a placé ses fonds et dont il a mis les titres dans son tiroir. Le produit de votre travail servira pour une part à vous nourrir, vous et les vôtres, mais, pour le surplus, à constituer ses profits. Ce salaire,

tant qu'il a été le maître absolu, il l'a comprimé, maintenu à un taux dérisoire et inhumain pour accroître à la fois ses débouchés et ses bénéfices. Il a dû le relever peu à peu depuis que vos camarades et vous, groupés pour votre défense commune, lui avez fait sentir, de temps en temps, la menace de votre force, depuis aussi que, sous l'influence des penseurs et des hommes d'action socialistes, l'opinion publique s'est entr'ouverte aux idées de progrès et d'équité. Cependant, votre salaire ne représentera jamais la valeur entière de votre travail. Toujours, quoi qu'il arrive, une part de cette valeur sera perçue, retenue au profit du capital que l'autre possédait à sa naissance et que vous ne possédiez pas. Il en sera ainsi pendant toute sa vie, et pendant toute la vôtre. Pourquoi ? Est-ce juste ? Et cela peut-il durer ?

Que disaient, il y a cent trente ans, les hommes de la Révolution française ? Ils disaient : fils de noble, fils de bourgeois, fils de serf ou de manant, les hommes naissent tous libres, tous égaux, pétris du même limon, de la même argile. La société doit consacrer leur égalité naturelle. Plus de distinction tirée de leur origine, de ce qui devance la manifestation de leur utilité personnelle... Les hommes de la Révolution avaient cru achever leur œuvre en confondant tous les ordres de l'ancienne société. Ils ne se doutaient pas que, dans la société moderne, la même iniquité reparaîtrait, sous une forme moins supportable encore, par la formation et la distinction des classes. Ils ne se doutaient pas qu'il nous faudrait reprendre, après eux, sur nouveaux frais, leur tâche révolutionnaire. Fils de possédants ou fils de prolétaires, les hommes naissent tous libres, tous égaux. Pourquoi la société livre-t-elle les uns aux autres, asservit-elle les uns au profit des autres ?

On nous répondra : la société distribue à chacun de ses membres le rôle, la tâche qui convient à ses facultés. Il faut bien que l'un commande et que l'autre obéisse, que l'un dirige et que l'autre exécute, que l'un travaille de son cerveau, l'autre de ses bras. Il existe nécessairement comme une hiérarchie d'emplois sociaux auxquels une société policée pourvoit selon la différence des aptitudes, c'est-à-dire de l'intelligence et de la culture.

Soit, il faut des hommes pour toutes les tâches, et il serait absurde que chacun d'eux prétendît à diriger les autres. Mais où trouverons-nous l'assurance que le fils du possédant en fût plus digne que le fils du prolétaire ? Quand donc a-t-on mesuré contradictoirement leurs aptitudes, c'est-à-dire leur intelligence et leur culture ? L'un est plus instruit que l'autre ? C'est qu'un premier privilège, une première distinction arbitraire les a séparés, dès que leur conscience s 'éveil-lait à la vie. Les fils de possédant ont eu leurs écoles à eux, où l'instruction n'a pour ainsi dire pas de fin, où le plus médiocre esprit, à force de temps et de sollicitude, finit par usurper un semblant de connaissances. Les fils de prolétaires ont les leurs, où l'étude est limitée dans ses programmes et dans sa durée, et que les plus aptes doivent quitter bien vite pour apporter à leur famille un complément de subsistance, pour entrer à leur tour dans la servitude du travail salarié. Si l'on prétend réserver aux plus dignes les emplois de direction et de commandement, qu 'on commence donc par donner à tous la partie égale !

Que l'instruction soit commune entre tous les enfants, semblable pour tous, qu'elle devienne entre eux un moyen de sélection exacte... et alors nous verrons bien à qui le prix du mérite reviendra. Que de degré en degré l'école nationale retienne vers les cultures supérieures et les hauts emplois sociaux ceux qui s'en montreront les plus dignes, ceux-là seuls, fussent-ils fils de prolétaires ; qu'elle élimine les autres, fussent-ils de possédants. Ce jour-là, nous pourrons constater dans quelle classe de la société la sève humaine monte avec le plus de vivacité et de fraîcheur. D'ici là, on aura justifié un privilège par un autre, rien de plus.

On nous répondra encore, comme dans les livres de morale : « Il ne tient qu'aux fils d'ouvriers. Qu'ils soient laborieux, sobres, économes, qu 'ils appliquent toute leur force à leur travail, qu 'ils acquièrent la confiance de ceux qui les emploient et, peu à peu, d'échelon en échelon, ils pourront devenir à leur tour patrons ou propriétaires. Il n 'existe plus, dans notre société actuelle, de caste fermée dont l'entrée soit interdite. Parmi les patrons d'aujourd'hui, combien sont fils de prolétaires, combien ont débuté dans la vie sans le privilège héréditaire du capital, avec le seul don de leur énergie et de leur intelligence ?... » Je le concède encore. Il est vrai que, parmi les patrons d'aujourd'hui, et quelquefois parmi les plus puissants, tous ne le sont pas par droit de naissance. Les sociétés modernes font une terrible consommation d'hommes. Il y a chez elles disette de talents, tout comme il y aura un jour pénurie de charbon. Elles ne peuvent s'embarrasser sur le choix ou discuter sur l'origine. Réfléchissez cependant. Si les enfants d'ouvriers et de paysans étaient tous également sobres, économes, laborieux, pourraient-ils devenir tous, en récompense de leurs vertus, patrons ou propriétaires ? N'est-il pas évident que la classe privilégiée est, par sa nature même, une sorte d'oligarchie, une classe à effectif nécessairement limité ? L'un ou l'autre d'entre vous, par son mérite ou sa bonne fortune, pourra peut-être un jour franchir la barrière ; mais elle ne saurait s'ouvrir à tous. On disait jadis, après l'abolition des lois qui réservaient aux gens de « sang bleu » tous les grades militaires, que chaque soldat portait dans sa giberne le bâton de maréchal de France. Que voulait-on dire par là ? Qu'aucun obstacle légal n'empêchait plus un soldat de parvenir au grade suprême, et de même, il n'y a pas d'impossibilité légale à ce que le petit apprenti devienne un jour le chef de la grande usine. Mais à quoi se réduit sa chance ? Combien y a-t-il de soldats qui, de leur giberne, doivent faire sortir le bâton de maréchal ?

Que prouveraient d'ailleurs ces élévations isolées ? Si les privilégiés d'aujourd'hui sont nés un peu partout, les privilèges n'en sont pas moins iniques, ni moins odieux. S'il n'existe plus entre les classes de cloisons étanches, si leurs limites sont indécises, elles n'en sont pas moins ennemies. Il se produit des échanges entre elles. Qui le nie ? Mais dans le hasard de ces échanges nous ne pouvons voir que des accidents, non pas le jeu normal d'une loi. Qu'un ouvrier accède à la bourgeoisie, c'est un miracle. Qu'un bourgeois retombe au travail manuel, c'est une catastrophe. Tel patron est le fils d'un ouvrier ou d'un paysan, je le veux bien. Mais que seront ses enfants à lui ? des fils de bourgeois comme les autres. La bourgeoisie aura pompé un peu de sang jeune, voilà tout.

Là n'est pas la véritable égalité. Quand bien même dans la société présente — et cela n'est ni vrai ni possible — il existerait une harmonie entre les privilèges sociaux et les qualités individuelles, si ceux qui commandent étaient les plus dignes du commandement, si les plus riches étaient les plus dignes de la fortune ; rappelez-vous ceci : que le capital se transmet indéfiniment alors que nulle qualité du corps et de l'esprit n'est nécessairement héréditaire. Avec chaque génération, le classement humain recommence sur nouveaux frais. Le fils de l'homme le plus intelligent peut être un sot, le fils de l'homme le plus énergique peut être un faible. S'ils n'apportent pas ces tares en naissant, le luxe et la paresse peuvent promptement les en affliger. Quel droit peuvent-ils revendiquer au privilège social sinon leur droit de naissance ? Ils le recueilleront pourtant dans leur héritage, comme un dauphin de France recueillait jadis la couronne de droit divin, comme l'aîné d'un noble recueillait les titres et les terres de sa maison. La société actuelle n'interdit pas à l'ouvrier, au paysan, de conquérir parfois de hautes dignités capitalistes, mais renvoie-t-elle leurs enfants à l'atelier ou à la terre, quand ils ne sont bons, comme il arrive, qu'à conduire la charrue ou qu'à manier le marteau ?

La véritable égalité consiste dans le juste rapport de chaque individu, d'où qu'il soit né, avec sa tâche sociale. Certes, le socialiste ne nie pas cette donnée brutale : l'inégalité naturelle, l'inégalité de la force, de la santé, de l'intelligence entre les individus. Il n'entend pas faire passer sur eux le rouleau compresseur pour les réduire tous au même niveau, pour les confondre tous dans une sorte de moyenne humaine. La tâche qu'il veut assumer est plus lourde cent fois que celle de la société actuelle, puisqu'il veut exploiter au mieux cette terre, tirer le plus riche rendement des ressources de la nature et de l'industrie, les produire avec la moindre dépense de travail humain, les répartir selon le juste équilibre des besoins. Donc, plus encore que la société actuelle, et parce que son œuvre comportera des besoins de direction plus complexes, il attache du prix à l'intelligence et à la science. Nous comprenons clairement, nous socialistes, que nous n'accomplissons l'œuvre immense qui nous est remise par le destin, qu'en plaçant chaque travailleur à son poste exact de travail, à celui que lui assignent ses facultés propres, judicieusement reconnues et cultivées par l'éducation commune. Mais ces affectations nécessaires, nous les réglerons par la seule considération des aptitudes personnelles, au lieu de les abandonner follement, comme le régime bourgeois, aux accidents de la naissance. D'ailleurs, dans cette répartition des tâches, nous n'entendons introduire aucune idée de hiérarchie et de subordination. Nous ne séparerons pas à nouveau l'unité sociale en castes mouvantes, mais tranchées. Meilleurs ou pires, plus forts ou plus faibles, tous les travailleurs nous apparaissent égaux et solidaires devant le même devoir. La bonne distribution du travail commun exige qu'entre eux le commandement revienne aux plus dignes, mais il leur sera remis pour le profit commun, non pour leur honneur et leur profit personnel. Notre but n'est pas du tout de rémunérer leur mérite qui est l'ouvrage de la

nature et de l'effort accumulé de la civilisation, mais de l'utiliser dans l'intérêt de la collectivité tout entière. Ils ne seront pas à proprement parler des chefs, mais des travailleurs comme les autres, associés, assemblés dans la même œuvre avec leurs frères de travail, chacun peinant à son poste, tous s'efforçant vers le même objet, qui est l'égal bien-être et le bonheur commun des hommes.

Ainsi, par une révolution semblable à celle qu'ont accomplie nos pères, nous installerons la raison et la justice là où règnent aujourd'hui le privilège et le hasard. Dans la République du Travail, point de distinctions sociales, mais seulement des répartitions professionnelles. Ces affectations auront pour fondement unique l'aptitude personnelle, propre à chaque individu, naissant et s'éteignant avec lui. La société présente, au contraire, repose essentiellement sur la division en classes : classe des possédants, classe des prolétaires, et cette division a bien pour principe le capital, puisqu'elle se transmet et se perpétue, comme vous l'avez vu, avec le capital lui-même.

Il est temps ici de retourner en arrière et d'envisager de plus près ce mot dont nous nous sommes déjà servi tant de fois. Le capital, qu'est-ce donc que ce talisman magique dont la présence ou l'absence transforme notre condition, notre état, notre vie entière ? Comment se présente-t-il à nous, quelle est son origine ou sa raison d'être, de quoi est-il fait ?

Si je dis de mon voisin qu 'il est un riche capitaliste, cela signifie qu'il est propriétaire de terres et d'usines, qu'il possède ce qu'on appelle aujourd'hui des valeurs mobilières — actions de sociétés ou rentes sur un État — qu'il a de grosses sommes placées chez son banquier ou chez son notaire et beaucoup de billets de banque ou d'or dans son tiroir. L'or et les billets de banque ne sont pas des richesses réelles, ce sont des monnaies, c'est-à-dire des valeurs fictives, imaginées dans un état lointain de la civilisation pour représenter les denrées et marchandises de toute espèce, pour en faciliter l'échange et la conservation. Les métaux précieux et le numéraire sont, dans le régime actuel, les moyens de paiement universellement adoptés, mais ils ne sont, par eux-mêmes, d'aucune utilité sociale. Il est aisé de concevoir une société parvenue à un haut degré de culture et de civilisation, où la monnaie ne serait cependant pas employée. Il suffirait d'adopter, entre les hommes, une autre façon de distribuer les produits de leur travail et les richesses naturelles. Si nous faisons, par l'imagination, l'effort de supprimer tout l'or et tous les billets existant sur cette terre, les intérêts privés d'une multitude d'hommes en seront momentanément bouleversés, mais, dans son ensemble, la richesse totale du monde n 'en sera aucunement diminuée. Car, considérée en elle-même, la monnaie ne satisfait à aucun des besoins des hommes. Ce n'est pas avec de l'or qu'on mange, qu'on se chauffe ou qu 'on se vêt, qu 'on bâtit ou qu 'on orne une maison, qu'on cultive la terre ou qu'on construit une machine. Nous en sommes venus, peu à peu, à considérer l'or comme le signe représentatif de toutes les valeurs, mais il n'est pas par lui-même une valeur, si ce n 'est pour les rares industries qui l'emploient comme matière première. Un compte dans une banque n'est pas autre chose qu'une certaine quantité de monnaie mise en dépôt et que le dépositaire s'engage à nous représenter sur notre demande. Les rentes ou les actions ne sont pas autre chose que des monnaies à valeur variable et productrices de revenu annuel. A l'origine du compte, il y a un versement de numéraire. A l'origine du titre de rente ou de l'action, il y a une opération de placement, c'est-à-dire l'échange de la valeur mobilière contre une certaine quantité d'or ou de billets. Toute cette première catégorie de capitaux ne représente donc, sous une forme simple ou compliquée, directe ou indirecte, que la monnaie et ses divers modes de transformation.

Nous pourrions en rechercher ensemble l'origine, et nous nous convaincrions aisément que dans l'immense majorité des cas la possession du numéraire, sous ses multiples formes, ne correspond nullement au travail personnel de l'homme qui le détient, que cette valeur a été créée, avant lui, en dehors de lui, par le travail des autres hommes. Mais je préfère insister sur le fait essentiel, à savoir qu'il s'agit uniquement ici d'une valeur imaginaire, d'une valeur de convention, que, nous autres hommes, jouons avec la monnaie comme on voit les enfants jouer avec des jetons ou des cailloux, et qu'on pourrait la supprimer d'un trait de plume sans que la consistance vraie du monde fût changée, sans que la somme des richesses réelles qu 'il engendre pour les besoins des hommes fût diminuée d'un morceau de pain. On nous a mainte et mainte fois affirmé que, même sous cette première forme, le capital était indispensable à la vie des sociétés. A quelle fonction vitale des sociétés serait-il donc nécessaire ? Parler ainsi, comme on le fait chaque jour, c'est commettre une confusion puérile entre les capitaux eux-mêmes et les produits ou marchandises de toute espèce que, dans l'économie actuelle, ils représentent et permettent seuls d'acquérir. Les capitaux ne sont pas nécessaires, et ne peuvent le sembler qu'en vertu d'une fiction, d'une convention universelle. Ce n'est pas, je le répète, avec de l'argent que l'on monte une usine ou que l'on rend une terre productrice, c'est avec des matériaux ou des outils que l'argent n'a pas créés et qui existeraient sans lui. Ce n'est pas en réalité avec l'argent qu'on paie des salaires, c'est avec les denrées de toute sorte qu'on échange aujourd'hui contre l'argent, mais qui sont produites sans lui, et qui pourraient être réparties par un autre moyen. Si vous voulez apprécier l'importance relative du travail et des capitaux d'échange, songez qu'on pourrait retirer du monde, sans l'appauvrir, toutes ses richesses monnayées, alors qu'on n'en saurait retirer, sans paralyser sa vie, un seul jour du travail unanime des hommes. Cependant, la possession de ce signe conventionnel, de ce simulacre, assure aux heureux élus, comme dans les contes de fée, tous les bienfaits et la satisfaction de tous les vœux : le droit de ne pas participer par leur travail au labeur commun du monde, le droit de prélever un large tribut sur ce que produit le travail des autres, le droit de faire fleurir leur paresse et leur faste sur le surmenage et la misère de la multitude. Nos yeux et notre esprit sont accoutumés à ce spectacle ; nous en sommes venus à le juger naturel. Si nous en trouvions le tableau dans quelque récit d'explorateur, ou dans les visions imaginaires d'un Rabelais ou d'un Swift, son absurdité nous saisirait autant que son injustice.

J'en viens à la seconde classe des capitaux : la terre, son sol et son sous-sol, les forces qu'elle recèle, les bâtiments qui la couvrent, les engins de toute sorte dont l'industrie humaine l'a peuplée. Ici, c'est autre chose. Ce capital est réel. Il représente notre vrai patrimoine, notre vraie richesse. Il n'est pas moins indispensable à notre vie que le travail, puisque c'est à lui que le travail s'applique, c'est lui que le travail fait valoir. Ces richesses communes de la terre sont la condition même de notre existence ; aussi le labeur continu des hommes les a-t-il en partie aménagées : et si l'avenir peut nous promettre de plus en plus de bien-être, de plus en plus de confort et de sécurité, c'est par leur exploitation plus exacte et plus savante. Mais, s'il en est ainsi, comment concevoir que ce qui est nécessaire à la totalité des hommes demeure la propriété de quelques-uns ? Où sont leurs titres ? Le capital utile du monde est, pour une part, le don gratuit de la nature, d'autre part, l'héritage du travail séculaire de l'humanité, car toutes les générations qui se sont succédé sur cette terre y ont tour à tour ajouté leur part. N'avons-nous pas tous la même vocation aux richesses naturelles ? N'en sommes-nous pas tous, en naissant, propriétaires égaux et indivis comme de l'air et de la lumière ? N'y avons-nous pas tous le même droit, contre le même devoir, — le devoir de les entretenir et de les accroître dans la mesure de nos forces. Quel jour, pour reprendre le mot d'un poète, avons-nous, comme Esaü, vendu notre part de l'héritage ? Et tout ce qu 'a incorporé à la nature depuis des centaines et des milliers de siècles, depuis que l'homme a paru sur cette terre, le travail accumulé des générations, comment une poignée d'individus s'arrogerait-elle le pouvoir d'en détenir, à elle seule, le profit et l'usage ? C'est à tous les hommes que doit revenir le bien créé par tous les hommes. C'est la collectivité présente qui est la seule héritière légitime de la collectivité indéfinie du passé. La nécessité commune, l'origine commune, voilà ce qui justifie doublement la communauté du capital, en tant que le capital représente l'ensemble des richesses naturelles et des moyens de production.

Il y a dans cette vérité quelque chose d'éclatant et de nécessaire, et l'on n'en peut plus détacher ses yeux dès qu'on l'a clairement saisie une fois. Pourtant, il est naturel qu'elle ait longtemps échappé à l'intelligence humaine. Durant de longs siècles, le travail humain s'est poursuivi dans un état de dissémination extrême et d'ignorance réciproque. Courbé sur sa tâche isolée, n'apercevant rien de celle qu'accomplissaient ailleurs les autres hommes, n'employant guère à son effort particulier que sa propre force, le travailleur adaptait, ajoutait à sa personne un instrument de travail. Le petit champ que le paysan cultive, le marteau du forgeron, le métier du tisserand leur semblaient comme un prolongement de leurs bras. Cet aspect individualiste du travail semblait ainsi justifier, ou même engendrer, la propriété individuelle. Mais, depuis cent cinquante ans, les grandes industries et les grandes agglomérations d'hommes se sont formées. L'exploitation des richesses naturelles n'est plus remise à l'effort morcelé des individus. Les besoins accrus du monde ne peuvent plus être satisfaits, la population multipliée du monde ne peut plus subsister par la totalisation de tâches distinctes et indépendantes. Les moyens de production sur lesquels repose l'existence de l'univers moderne se séparent de plus en plus de la personne qui les manie pour s'ajuster dans un ensemble organisé. L'univers a pris de plus en plus la figure d'une usine immense et unique dont tous les rouages solidaires concourent à une même fin. Chaque jour nous voyons se resserrer ces liens de dépendance mutuelle entre les espèces multiples de moyens de travail et de travailleurs. L'économie d'autrefois les abandonnait chacune à son libre jeu, à son initiative autonome. L'économie d'aujourd'hui les assemble, bon gré mal gré, dans des combinaisons et des disciplines collectives. Bientôt, les nécessités mêmes de la vie du monde obligeront de soumettre à des directions d'ensemble — non seulement nationales mais universelles — les fabrications et les cultures, la distribution des matières premières et la répartition des produits. Il le faudra pour parer à la disette des produits, à l'insuffisance de la main-d'œuvre ; il le faudra pour assurer l'équilibre entre la production globale du monde, et la croissance continue de la population et des besoins. Le capitalisme lui-même, sous la pression de cette nécessité, avait dû s'orienter, pendant les vingt années qui ont précédé la guerre, vers l'organisation centralisée de l'industrie. Mais ce corps unique, dont dépendra ainsi la vie du monde, qui donc a qualité pour en régler les fonctions essentielles, qui donc doit en diriger les mouvements, qui donc doit recueillir le fruit de son activité universelle ? Quelques privilégiés ? Non certes, la collectivité entière et universelle des hommes. Et ainsi, les formes collectives de la production moderne viennent ajouter une justification de plus, imposer comme une nécessité de plus, aux formes collectives de la propriété.

Le bien des hommes appartient collectivement à tous les hommes, le travail des hommes — des vivants et des morts — doit profiter collectivement à tous les hommes. Chacun doit son plein travail à l'œuvre commune ; chacun doit recueillir sa part de travail commun. En ces quelques formules si simples tient l'essentiel de la pensée socialiste. Notre doctrine est donc celle qui peut réaliser la fraternité comme l'égalité. Qui peut la contester ou la combattre ? Ceux qui ne veulent pas la comprendre ou ceux qu'elle lèse dans leurs intérêts. Ceux dont elle ferait tomber les privilèges, ceux dont elle ferait cesser l'usurpation. Usurpation consacrée par la loi, protégée par toute les puissances de propagande et de contrainte, perpétuée par toutes les formes de l'héritage social, mais qui, toujours contraire à la raison et à la justice, se trouve aujourd'hui en contradiction manifeste avec la moralité générale de ce monde, avec les lois et les besoins généraux de la production. La propriété, dans la légalité capitaliste, c'est l'absorption totale et éternelle de la chose appropriée, c'est le droit d'en user à son gré, de la transformer, de la transmettre, de la détruire. Le propriétaire d'un stock de blé peut le brûler, s'il lui plaît, quand le pain manque à la ville voisine. Le propriétaire d'une usine peut la laisser chômer, s'il lui plaît, quand des outils de première nécessité manquent à l'industrie ou à la culture. Peu importe l'intérêt commun, la chose est à lui. Le jeu de la concentration, de la capitalisation, de l'héritage pourra rassembler dans les mains d'une centaine d'hommes, à la rigueur dans les mains d'un seul — Wells a fait ce rêve — toute la propriété utile du monde. Peu importe l'esclavage universel, la propriété reste sacrée... Peut-être, mais c'est l'instinct de conservation qui doit alors, à lui seul, légitimer la révolte. Songeons que la propriété individuelle a déjà subi quelques atteintes, que le progrès matériel et moral des sociétés a déjà arraché au propriétaire quelques-uns de ses attributs séculaires. Un Romain était propriétaire de ses enfants comme de ses animaux de somme ; il pouvait les vendre ou les tuer. Un planteur des Antilles était propriétaire de ses esclaves comme de ses champs de canne à sucre. Mais la conscience humaine a élevé son cri et ces formes de la propriété sont tombées. D'autres tomberont à leur tour, qui sont nées de la même conception déviée et exorbitante du droit. Ce que nous disons aujourd'hui, c'est qu'un homme ne peut demeurer maître absolu, maître unique,

maître éternel par sa descendance, de ce que la collectivité des hommes a jadis recueilli ou créé, de ce qui conditionne aujourd'hui la vie collective des hommes. Et nous avons proclamé le socialisme quand nous avons dit cela.

Vous entendez d'ici les répliques intéressées ou sceptiques. Quoi, nous disent les railleurs, pour justifier le socialisme, ce sont les lois économiques, les nécessités de la production que vous invoquez ! Touchant paradoxe ! Mais vous savez bien que les hommes n'ont pas naturellement le goût du travail. Pourquoi travaille-t-on ? Pour gagner de l'argent, pour épargner, pour transmettre à ses enfants le fruit de son épargne. Quand vous aurez supprimé ces deux stimulants de la paresse humaine, le désir du gain et l'héritage, vous aurez tout bonnement rejeté l'animal humain à son apathie atavique. Il ne travaillera plus que pour satisfaire à ses besoins élémentaires, ou bien il ne travaillera plus que par contrainte. État de production indéfiniment raréfiée, ou bien état de travaux forcés et de chiourme, votre cité socialiste aboutira nécessairement à l'un ou à l'autre. Choisissez...

Il faut bien que je suppose ce langage. On vous l'a tenu, ou vous l'avez entendu tenir. Il faut bien aussi que j'y réponde, quelque découragement que l'on éprouve à chasser sans cesse devant soi l'éternelle sottise, l'éternelle routine, l'éternelle incrédulité. Où a-t-on pris qu'un célibataire, qu'un homme ou qu'une femme sans enfants fussent moins actifs, moins industrieux, moins âpres au gain, qu'un père de famille ? Que chacun regarde près de lui, et vérifie. J'ai vu souvent que la charge de sa famille obligeait un homme à un travail excessif, surmenant, pauvrement rémunéré. Je n'ai jamais vu que le défaut d'enfants détournât l'homme d'un effort utile et fît d'un travailleur un oisif. La vérité est, tout simplement, que par un secret instinct de moralité, nous sommes moins honteux de rapporter à nos enfants qu'à nous-mêmes notre appétit personnel de lucre. Il arrive que des bourgeois prennent plus tôt le temps de « se retirer des affaires », comme ils disent, parce que leur fortune acquise, médiocre pour de nombreux enfants, suffit au contraire à leur ménage stérile. Mais qu'ils vendent leur fonds de commerce ou ferment leur boutique, de quelle activité utile cette retraite prématurée prive-t-elle la société ? Non, il n'est pas vrai que la transmission héréditaire, signe et moyen de l'usurpation capitaliste, soit l'agent indispensable de la prospérité sociale... L'appât du gain, l'envie de gagner de l'argent, c'est autre chose. Si nous considérons autour de nous la mêlée des hommes, elle paraît dirigée en effet par ce mobile unique. Gagner de l'argent, c'est le véritable idéal humain, le seul que proclame et qu'essaie de réaliser une société pervertie. Conquérir pour notre compte la plus large part des privilèges que l'argent représente ou permet d'acquérir, c'est le programme de vie que le spectacle contemporain nous propose. Tout nous appelle à cette lutte : l'opinion et la morale, qui devraient la flétrir, l'exaltent, et il faut une sorte d'héroïsme pour se soustraire volontairement à la contagion. C'est le sentiment moteur aujourd'hui, ne perdons pas notre peine à le contester. Mais où prend-on le droit de conclure que l'humanité n'en puisse pas connaître d'autre ?

Le sophisme est là.

J'ai pour ma part une vue moins désespérée ou moins méprisante de l'humanité. Je crois, je suis sûr, vous êtes sûrs comme moi que des mobiles d'une autre sorte peuvent pousser les hommes à surmonter leur indolence naturelle. Et d'abord, est-on si sûr que l'indolence leur soit naturelle ? Est-ce qu'au contraire, parmi les données naturelles du problème, j'entends celles qui nous sont fournies par la nature, nous n'avons pas le droit de poser le goût du travail ? L'homme aime déployer son activité, employer sa force. Quand il esquive la tâche, c'est que la société l'avait astreint à un labeur autre que celui où son tempérament propre le destinait. Ce désaccord, nous l'éviterons sans doute, nous qui plaçons à la base même de l'économie sociale la recherche de l'affinité entre le travail et le travailleur. C'est au contraire le loisir prolongé qui ennuie et qui accable, et, peut-être, dans la société future, aurons-nous plus de peine à occuper le loisir que le travail.

Voilà la vérité, et, pour s'en convaincre, il suffit de s'éloigner quelque peu du spectacle présent des choses. Il suffit de s'élever par la pensée au-dessus du misérable niveau des mœurs actuelles, mœurs qui sont le produit direct, et non la cause, de notre régime social. Faisons cet effort. Considérons si c'est ou non l'appât du gain qui provoque les grands témoignages du travail humain, qui suscite les grandes tâches de l'histoire. Est-ce l'appât du gain qui a édifié les temples de l'Acropole ou les cathédrales gothiques ? Est-ce l'appât du gain qui a inspiré les grands ouvriers de la Renaissance, les grands constructeurs d'idées du dix-huitième siècle ?... Si la littérature et l'art sont devenus aujourd'hui métier et marchandise, c'est que la contagion du lucre a gagné l'écrivain et l'artiste, mais on ne nous citera pas une belle œuvre, dans aucun temps, que son auteur ait conçue dans un esprit mercantile. Est-ce l'appât du gain qui incite le savant à la méditation, à la découverte, est-ce pour « gagner de l'argent » qu'ont travaillé un Newton, un Lavoisier, un Ampère, un Pasteur ? L'invention pratique, le perfectionnement industriel ne

sont pas dus davantage à l'espoir du profit, mais à un besoin intime de recherche et de trouvaille qui puise en lui-même sa satisfaction. Vous ne trouverez pas une tâche vraiment utile à l'humanité dont l'origine ne soit désintéressée... En revanche, nous voyons autour de nous quelle sorte d'activité le désir du gain provoque. C'est pour gagner de l'argent qu'on lance une affaire, qu'on monte une maison de banque, de courtage ou de commerce, qu'on achète et qu'on revend, qu'on agiote et qu'on spécule. Le désir du gain forme et entretient cette écume, cette fermentation putride que nous voyons s'étaler à la surface de la vie économique. La société actuelle est peuplée de hardis aventuriers lancés à la conquête de la fortune comme on partait jadis à la conquête de l'or, et qui, par tous les moyens, essaient de dévier à leur bénéfice le courant des capitaux. Mais de quelle richesse réelle leur audace a-t-elle jamais accru le monde ? En quoi la société se trouvera-t-elle appauvrie quand nous l'aurons nettoyée de toutes ces initiatives parasitaires ? Elles déplacent arbitrairement la richesse, elles ne la créent pas. Vous trouverez le symbole de cette fausse activité dans un mouvement de hausse ou de baisse à la Bourse, qui fait passer dans la poche des uns l'argent des autres, mais qui ne modifie pas d'un sou le capital foncier du monde. En la supprimant, nous aurons mis fin à des exactions individuelles, nous n'aurons attenté à aucune utilité collective. Nous n'aurons pas altéré ou ralenti la vie sociale, nous l'aurons assainie au contraire, nous l'aurons guérie d'une maladie, d'une infection.

S'il était vrai que pour fournir sa contribution pleine de travail, l'homme eût à surmonter une inclination naturelle, il serait donc faux, en tout cas, que le désir du gain fût le mobile indispensable de cet effort. L'homme peut déployer cet effort, et il l'a fait, par la vertu des mobiles moraux. Il peut le faire par application désintéressée à l'œuvre entreprise, par fidélité à une discipline consentie, par dévouement à un idéal commun, par don de sa raison et de son âme à une grande foi. Considérez d'ailleurs les tâches qu'impose à l'humanité l'état présent du monde, et demandez-vous si c'est l'appétit égoïste du lucre qui peut nous mettre en état de les remplir. Le profit capitaliste, quoi qu'on fasse, ne sera jamais que l'apanage d'une oligarchie — je ne veux pas dire d'une élite — et l'humanité ne résoudra les problèmes de vie ou de mort posés devant elle par les circonstances, que grâce à l'effort concerté de tous les travailleurs. Elle ne les résoudra que si chaque travailleur détient en lui-même la claire conscience de consacrer son travail à l'intérêt propre, au lieu de l'offrir en tribut à cette oligarchie privilégiée. Elle ne les résoudra que si une foi commune élève les travailleurs au-dessus des fins égoïstes, exalte leur vaillance, rassérène leur âme blessée par tant de souffrances et de misères. Cette foi, nous seuls la proposons aujourd'hui, nous seuls pouvons la créer, et la créer indistinctement chez tous les hommes. J'ajoute que nous seuls pouvons en puiser les moyens et la récompense, dès cette vie même, dès cette vie terrestre, et non dans le recul indéfini d'une immortalité.

⁎⁎

Mais, si vous le voulez bien, retournons l'argument, reprenons l'offensive. Recherchons, dans la société actuelle, les effets et les incidences d'un travail vraiment créateur. Je suppose que, demain, un inventeur imagine quelque outillage nouveau qui bouleverse la technique d'une des grandes industries directrices, la métallurgie ou le tissage, qui réduise dans une proportion considérable la main-d'œuvre et le prix de revient. Il y a d'abord bien des chances pour que cet inventeur méconnu, comme tant d'autres, meure dans le désespoir et la misère. De vains appels aux capitalistes, qui seuls aujourd'hui peuvent mettre en œuvre de nouveaux procédés mécaniques, auront épuisé sa patience, abrégé sa vie ; puis, quelques années plus tard, une société financière exploitera ses brevets acquis à vil prix et en recueillera le bénéfice immense. Mais, admettons que, par une exception providentielle, lui-même ait pu faire valoir sa découverte. Je vois bien le profit qu'il en retirera lui-même : nous aurons sur la terre un milliardaire de plus. Quel profit en recueillera la collectivité ?

En attendant que l'industrie universelle se soit adaptée aux procédés nouveaux, des centaines d'usines seront condamnées au chômage. Le déplacement de la main-d'œuvre déterminera une baisse générale des salaires ; la masse des produits jetés sur le marché provoquera les troubles économiques les plus complexes. Verrons-nous du moins le consommateur profiter de la réduction des prix de revient ? Pas le moins du monde ; il n'en profitera que dans une mesure dérisoire. Les prix de vente ne seront abaissés que de la quotité nécessaire pour étouffer les concurrences, et notre inventeur empochera le surplus. Une crise universelle d'une part, de

l'autre une immense fortune individuelle, c'est-à-dire éternellement transmissible. Tel est le bilan. Est-ce qu'il ne révolte pas la raison ?

Notre inventeur viendra nous répliquer : « Ma fortune est cependant bien à moi ; je l'ai gagnée ; elle est le fruit de ma découverte, le produit de mon travail. » Mais est-il vrai que sa découverte soit bien à lui ? Le même homme l'aurait-il menée à terme, vivant seul dans une île déserte, ou naissant dans quelque tribu sauvage de l'Océanie ? Ne suppose-t-elle pas, au contraire, tout l'actif préalable du travail humain ? N'est-elle pas, pour le moins, le résultat d'une collaboration, d'une coïncidence entre son génie individuel et l'effet collectif de la civilisation ? La collectivité devrait donc, pour le moins, recueillir sa part du bénéfice. Pourquoi s'en trouve-t-elle frustrée, non seulement au profit de l'inventeur lui-même, mais de ses descendants jusqu'à la dernière génération ?... Et cet exemple ne vous fait-il pas toucher du doigt l'injustice foncière qui gît à la racine même des modes actuels de la propriété ?

Il est arrivé parfois dans l'histoire que les masses ouvrières s'insurgeassent contre les progrès du machinisme qui les privaient momentanément de leur gagne-pain. Et l'on nous désignait, avec une pitié insultante, l'égarement de ces travailleurs dressés contre la science et le progrès. Ils avaient tort contre la science et le progrès. Ils avaient raison contre la société capitaliste. Était-ce leur faute si un progrès de la civilisation collective, qui devrait raisonnablement se traduire par un accroissement du bien-être collectif, n'engendrait pour eux que la misère et la famine ? A mesure que l'outillage humain se perfectionne, à mesure que la science, œuvre commune des hommes, étend son empire sur les forces naturelles, quel devrait être le résultat ? L'augmentation de la somme des produits dont chacun dispose, la diminution de la somme de travail que chacun doit. Chaque pas en avant de la civilisation devrait ainsi se traduire par un bénéfice unanime, universel, et il se traduit au contraire par une nouvelle rupture d'équilibre entre ceux qui possèdent et ceux qui travaillent. Nous concevons, nous, une société qui, comme le

sens du mot l'impose, fasse vraiment des associés de tous les individus qu'elle englobe, qui fasse profiter chaque homme du travail de tous, qui les fasse profiter tous de chaque extension de l'industrie et dé la science.

De grands penseurs ont attendu de la science le renouvellement des sociétés humaines. Comme les ouvriers révoltés devant la machine, ils avaient raison et ils avaient tort. La science accroît et accroîtra sans mesure le rendement du travail, mais, si le pacte social demeure vicié dans son essence par une clause inique, en accroissant les richesses, nous n'aurons fait qu'accroître l'iniquité. Nous aurons multiplié les prélèvements du capital sur le travail, nous aurons multiplié la divergence entre les profits du capitaliste et les salaires du travailleur. Si la règle du partage est injuste, l'injustice augmentera avec la masse des produits à partager... C'est avec le socialisme que la science deviendra vraiment bienfaitrice, et l'on peut dire en ce sens que socialisme et science sont vraiment le complément l'un de l'autre. La science développe les richesses de l'humanité ; le socialisme en assurera l'exploitation rationnelle et la distribution équitable. Chaque découverte de la science, quel que soit le domaine spécial où elle se manifeste, se trouvera en quelque sorte étalée sur l'ensemble du corps social pour déterminer en lui une amélioration correspondante : augmentation du bien-être si la somme des denrées est augmentée, augmentation du loisir si la somme du travail nécessaire pour les produire est réduite. Inversement, l'instauration du régime socialiste implique comme un appel ardent et constant au secours de la science. En utilisant aussitôt, pour le bien commun, chaque conquête de la science, nous en provoquerons incessamment de nouvelles ; sans cesse nous mettrons au point son programme de recherches, tout en développant autour d'elle l'atmosphère de désintéressement et de confiance dont elle a besoin.

C'est ainsi que le socialisme seul, résolvant cette contradiction mortelle, peut replacer la société déviée sur la véritable route du progrès. Je me garderai bien de tracer un tableau paradisiaque de l'état de choses qu'il veut créer. Je sais trop que, dans ce monde, la nature elle-même introduit des causes irréductibles de souffrance. Nous ne supprimerons pas la maladie, la mort des enfants, l'amour malheureux, mais, à côté de ces misères naturelles, il en est d'autres qui sont le produit d'un mauvais état social et qui peuvent disparaître avec lui. Imaginez le groupement humain, une fois débarrassé de ces entraves artificielles. Supposez que, par une sélection judicieuse, tous les individus se trouvent distribués dans les divers quartiers de l'activité sociale ; supposez que chacun, sans exception, donne à la société chaque jour quelques heures de travail utile, j'entends du travail qu'il aime, car l'intérêt commun concorde ici, comme en toutes choses, avec les conditions du bonheur personnel. Supposez que, dans l'univers entier, la production soit organisée de façon à obtenir le meilleur rendement des ressources naturelles, chaque terroir ou chaque groupe fabriquant ou cultivant ce qu'il peut créer avec le plus d'abondance, de perfection ou d'économie, toute concurrence nationale ou internationale supprimée, les méthodes et les outils les plus récents venant sans cesse au service du travail. Supposez que tout le travail humain soit ordonné comme une usine unique, où la tâche particulière de chaque atelier, de chaque ouvrier, vient s'assembler dans un programme d'ensemble constamment révisé selon les ressources et les besoins. Supposez que ce programme se limite aux productions vraiment utiles, et ne gaspille plus autant d'activité laborieuse pour satisfaire — ou même pour créer — des besoins factices, des modes d'un jour. Ne croyez-vous pas que cet effort discipliné suffirait pour assurer à chaque homme ce que l'humanité lui doit de naissance : le bien-être, sinon le bonheur ? N'y a-t-il pas place pour tous sous le soleil ? Le travail commun ne peut-il assurer à chacun une nourriture abondante, des vêtements commodes, un logement spacieux et sain, le libre usage de toutes les ressources et de tout l'outillage collectifs ?

Vues chimériques, nous dira-t-on. Mais où donc est la chimère ? Nous venons de voir, pendant cinq ans, l'humanité se plier à une discipline de destruction et de mort. Ne pourra-t-elle accepter une discipline de création et de vie ? Pendant cinq ans, toute l'activité des hommes s'est trouvée réellement ordonnée sur un plan commun, vers un but unique. Nous voulons faire pour l'avantage commun ce qui s'est fait pour la misère commune ; au profit de tous, ce qui s'est fait au profit de quelques-uns. Si nous avions disposé pendant cinq ans, à notre guise et sans conteste, de toutes les puissances du travail, de toutes les richesses de la terre, doutez-vous que nous eussions ordonné le monde selon nos chimères ?... Vues misérables, viendra-t-on nous dire encore ! Théories qui n'invoquent et ne veulent satisfaire en l'homme que l'appétit purement matériel !... Ce serait déjà beaucoup que les satisfaire. Ce serait quelque chose d'avoir purgé la société des maux qui la déshonorent, et qu 'un cœur pitoyable, un esprit droit ne peuvent contempler sans révolte et sans honte ; la misère, la faim, tout leur lamentable cortège de maladies, d'abêtissements, de dégradations. Mais il n'est pas vrai que nous nous adressions à l'animal humain, à la bête humaine. Nous nous adressons, vous l'avez vu, à ce qu'il y a de plus pur, de plus élevé dans l'homme : l'esprit de justice, d'égalité, de fraternité. Dans l'esclave opprimé nous voulons susciter cette moralité nouvelle qui s'éveille avec la liberté.

La liberté du corps entraîne celle du cœur et de l'esprit. En brisant la servitude du travail, nous entendons briser toutes les servitudes. Le socialisme transformera, renouvellera la condition de la femme, la condition de l'enfant, la vie passionnelle, la vie de famille. Il comporte comme une libération, comme une épuration universelles. En créant et en organisant le loisir pour tous les travailleurs, — loisir vrai où l'activité persiste, et non pas repos accablé après le surmenage d'un labeur excessif —, il permettra l'accession de tous aux plus nobles occupations humaines ; il ouvrira tout grands à tous les trésors de la science, des lettres, de l'art. Je me rappelle ce mot profond d'un philosophe : « Tout dans l'arbre veut être fleur... ». Dans l'humanité aussi tout aspire à la floraison, au plus riche épanouissement de l'esprit et de l'âme. Cet instinct, refoulé jusqu'au tréfonds de la conscience par toutes les contraintes, par toutes les misères sociales, c'est le socialisme qui saura lui rendre sa force et sa splendeur.

Vous l'avez remarqué sans doute : je suis   ;arrivé au terme de ces quelques pages sans vous parler de l'événement formidable dont nous nous dégageons à peine et dont l'ombre pèse encore sur nous. Je n'ai tiré de la guerre que des arguments accessoires ; je n'y ait fait que de rares et indirectes allusions.

J'aurais pu y puiser au contraire les moyens essentiels de ma preuve. Il m'eût été facile de vous montrer qu'entre le capitalisme et la guerre, il existe comme un rapport de connexion nécessaire, que ces deux puissances de mal naissent l'une de l'autre et ne disparaîtront que l'une avec l'autre. Poursuivant l'analyse, j'aurais pu vous faire saisir, dans le déroulement même de la guerre, l'opposition croissante des intérêts capitalistes avec l'intérêt commun, la nécessité croissante des méthodes d'organisation collective. J'aurais pu vous montrer l'incapacité du capitalisme à résoudre les problèmes écrasants que la guerre lui a légués.

Son impuissance éclate à tous les yeux. Nous le voyons plier peu à peu sous le poids des charges qu'il a lui-même accumulées. Nul ne peut plus douter qu'en laissant déclencher cette guerre, il ait signé, à plus ou moins long terme, son arrêt de déchéance et de mort... Mais je ne suis pas entré dans ces développements que semblaient pourtant imposer les circonstances. Je vous ai parlé comme je l'aurais fait avant la guerre. C'est à dessein.

La guerre a projeté comme un éclairage brutal et soudain sur les vices essentiels de la société bourgeoise. Elle a déchiré soudain le voile sur la réalité des choses. Mais cette réalité préexistait à la guerre, et c'est pourquoi nous étions socialistes avant la guerre.

Nous ne voulons pas faire de vous des socialistes de pur sentiment. Il nous faut autre chose qu'une commotion de révolte contre le spectacle affreux que le genre humain vient de subir. Il nous faut votre adhésion réfléchie, totale. Aussi me suis-je appliqué à vous montrer, non pas les arguments actuels du socialisme, mais ses raisons fondamentales, celles qui n'étaient pas moins vraies aujourd'hui qu'hier et qui resteront vraies demain, jusqu'à la transformation inévitable.

Ce qui est exact, c'est que la guerre aura hâté singulièrement le moment où les idées maîtresses du socialisme doivent s'incorporer à la conscience universelle... N'est-ce pas étrange ? L'humanité ne s'élève que lentement au niveau de certaines idées, si claires cependant, si impérieuses, qu'il semblait qu'elles dussent s'imposer aussitôt à toute raison. Les quelques races dont nous connaissons l'histoire ont développé les germes d'une richesse et d'une perfection telles que rien de plus grand ne paraîtra jamais sous le ciel. Et cependant que de vérités sont devenues essentielles, élémentaires pour nous, que ces grands hommes n'avaient jamais aperçues ! Un Platon n'a même pas soupçonné la barbarie, l'effroyable iniquité du droit de conquête et de l'esclavage. Un Rabelais, un Pascal n'ont même pas entrevu les principes moraux et politiques que la Révolution française a publiés dans le monde et que la raison humaine ne discutera plus. Si la question s'était posée devant eux, il l'eussent résolue comme nous. Mais elle ne se posait pas ; elle ne pouvait pas se poser encore... Puis il semble soudain qu'à un moment déterminé de l'histoire, l'intelligence des hommes acquière comme un sens nouveau.

Il en est ainsi du socialisme. Nulle vérité plus évidente dès qu'on l'a une fois conçue. Le seul étonnement, c'est qu'on puisse la contester et qu'on ait pu la méconnaître, c'est que tant de grands esprits aient pu passer à côté d'elle sans l'entrevoir, comme jadis les navigateurs, sans s'en rendre compte, passaient à côté des continents inconnus. Mais aujourd'hui nous avons touché la terre nouvelle. La guerre aura devancé l'heure où, pour tous les hommes, pour tous ceux du moins qui ne refusent pas obstinément d'ouvrir les yeux, le monde apparaîtra sous un aspect imprévu, s'illuminera d'une lueur inconnue et inévitable.

Ce jour-là, l'humanité ne comprendra plus comment elle a pu entretenir autour d'elle, des siècles durant, tant de mensonges et d'erreurs absurdes. Laissez-moi user encore d'une comparaison. Il y a deux cents ans, les chirurgiens ont pratiqué pour la première fois l'opération de la cataracte, et rendu la vue à des aveugles-nés. On a pu comparer alors l'idée qu'ils se faisaient du monde dans leur nuit, et celle que leur fournissait la vue restituée. Ils avaient cru se représenter, par ouï-dire, à travers leurs sensations incomplètes, ce qu'est exactement la lumière, ce qu'est une fleur, ce qu'est un visage humain. Mais au contraire, ils ne se représentaient rien d'exact. Ils avaient vécu dans un monde d'illusions étranges et mensongères qui ne s'étaient dissipées pour eux qu'avec les ténèbres qui les entouraient. Ils ne saisissaient la réalité du monde qu'une fois la taie arrachée de leurs yeux. Le socialisme, une fois conçu, produit en nous la même révolution spirituelle. C'est la taie arrachée de notre intelligence. Pour la première fois la réalité de l'univers social nous apparaît, et nous nous rendons compte que, jusqu'alors, nous avions vécu dans le préjugé, dans la routine absurde, dans le mensonge, dans la nuit.

C'est à cette tâche de délivrance que nous vous convions jeunes gens. Pour nous-mêmes d'abord, puis pour ceux qui vous entourent et que vous pourrez persuader. Vous êtes l'espoir, vous êtes la vie qui vient, la sève qui monte ; de vous va dépendre le sort prochain de l'humanité. Réfléchissez, examinez. Vous êtes à l'instant des choix décisifs, puisque c'est à votre âge que la pensée et l'action s'aiguillent pour le reste de l'existence. C'est à la fin de la jeunesse et dans les tout premiers moments de l'âge mûr, pendant ce court intervalle de quelques années, que toutes les pensées fécondes de la vie se formulent, que les résolutions efficaces d'action se fixent en nous. L'alternative capitale vous est donc offerte. Irez-vous du côté de l'avenir ou du côté du passé, du côté de l'iniquité ou du côté de l'égalité, du côté de l'égoïsme ou du côté de la fraternité ? Vous ne pourrez pas rester neutres ; il faut vous prononcer, il faut choisir... Eh bien ! vous vous rangerez avec la justice, avec la vérité, avec la vie. Vous ne ferez pas de bas calcul ; le défaut de votre âge est le choix aventureux plutôt que le calcul mercenaire. Vous écouterez l'appel généreux et chaud de votre cœur... Et si vous surpreniez, autour de vous, la tentation vile d'aller du côté du plus fort, rappelez à ces égoïstes imprudents que la force elle-même, en un jour peut-être prochain, sera au service de la justice...